DE L'ANCIENNETÉ

DE

L'ESPÈCE HUMAINE

PAR M. J. DELANOÜE

DE L'ANCIENNETÉ
DE
L'ESPÈCE HUMAINE

PAR M. J. DELANOÜE

LETTRE

A

M. LE MINISTRE DE L'INSTRUCTION PUBLIQUE

VALENCIENNES
IMPRIMERIE DE B. HENRY, MARCHÉ-AUX-POISSONS, 2.

Février 1862

DE L'ANCIENNETÉ DE L'ESPÈCE HUMAINE

LETTRE A M. LE MINISTRE DE L'INSTRUCTION PUBLIQUE

Valenciennes, 14 décembre 1861.

Monsieur le Ministre,

Par la lettre que vous m'avez fait l'honneur de m'adresser, en septembre dernier, vous acceptez mon offre de silex taillés de main d'homme trouvés dans le terrain quaternaire et vous me demandez, en même temps, une notice sur cette question si neuve et si intéressante. Je vais tâcher de me conformer à votre désir, en vous signalant les faits positifs et déjà nombreux qui sont venus récemment établir une liaison inattendue entre l'histoire de l'homme et celle des grandes révolutions du globe, c'est-à-dire relier et confondre l'archéologie avec la géologie.

Etat de la question. — Un des points qui paraissaient jusqu'à présent le mieux établis c'était la postériorité de l'homme à tous les grands cataclysmes qui ont si souvent renouvelé la face du globe. S'il en avait été témoin, disait-on, il en aurait été victime ; ses dépouilles ou les débris de son industrie auraient grossi l'ossuaire immense des animaux fossiles..... Et jusqu'ici on n'en a trouvé nulle part le moindre vestige.

Depuis que Cuvier avait démontré victorieusement, il y a bientôt soixante ans, que l'*homo diluvii testis* si pompeusement annoncé de Scheuchzer, n'était qu'un reptile d'eau douce, l'*Andrias Scheuchzeri (Tschud)*, les géologues n'avaient plus songé à chercher de vestiges humains fossiles. Et, s'ils avaient cherché, ils auraient peut-être hésité à l'avouer, tant le fait paraissait improbable, au moins dans le nord de la France, pour quiconque en connaît la constitution géologique. J'exposerai, à cet effet, dans un tableau, la nature et la disposition de nos terrains.

Terrains superficiels au nord de Paris.

			mètres.
TER. MODERNE.		Terre végétale, alluvions récentes, certains sables mouvants des mineurs, tourbières, minerais de fer phosphaté des marais, à Lierre (Belgique).	
TER. QUATERNAIRE.	5°	*Lœss* (système *Hesbayen* de Dumont), terre à briques, limon argilo-sableux, phosphaté, plus ou moins ocreux, de composition homogène, sans stratification, avec rares coquilles d'eau douce et ossements de rats d'eau, épaisseur variable, jusqu'à...............	10.00
	4°	*Diluvium rougeâtre* : gravier et fragments de silex arrondis et plus souvent à vives arêtes...............	6.00
	3°	*Sable calcaire* à Amiens, Paris, etc., avec coquilles lacustres, fragiles mais intactes. Son épaisseur est faible, mais va quelquefois jusqu'à...............	5.00
	2°	*Diluvium gris*, dépôts irréguliers de gravier de gros blocs et surtout de silex plus roulés que les précédents. Epaisseur jusqu'à............... On y trouve des bois silicifiés, des ossements de : *Rhinoceros tichorhinus* (Rhinocéros à narines cloisonnées) ; *Elephas primigenius* (Mammouth) et *E. antiquus* ; *Bos primigenius* ; *Bison Europæus* (Aurochs) ; *Cervus Somonensis*, *C. elaphus* (Cerf commun) ; Enfin, ce qui est capital, on y recueille, et souvent en quantité considérable, des instruments de pierre évidemment taillés de main d'homme.	4.00
	1°	*Boulder-clay* dépôt glaciaire ancien des Anglais ; il manque ici.	

Ter. Tertiaire.	5° Minerais de fer quartzeux, à Cassel, Mont-rouge, Mont-noir (*S. Diestien de Dumont*) ; 4° Calcaires et sables glauconieux, coquilliers, à Cassel, Mont-rouge, Mons-en-Pévèle (*S. Bruxellien de Dumont*) ; 3° Argile à poteries à Ypres, Mortagne, Orchies et au nord de Tournai, Lille, Hazebrouck, Saint-Omer (*S. Yprésien de Dumont*) ; 2° Grès à pavés et sables à Bonsecours, Anzin, Saint-Amand, Montigny et toutes les sablières des environs de Valenciennes ; sables de Bracheux (*S. Landénien sup. de Dumont*) ; 1° Sable argileux vert, sable mouvant des mineurs de Vendin, Ostricourt, etc., puis grès vert, calcaire siliceux à silice soluble, (*dur-banc des mineurs S. Landénien inf.* et *S. Heersien de Dumont*) ; (*a*)
Ter. Secondaire Supérieur. (*Craie.*)	5° Craie blanche, non phosphatée, mais avec banc de phosphate à sa base, pierre à chaux grasse de Lille, Douai, Valenciennes, etc. ; 4° Craie glauconieuse contenant plusieurs centièmes de phosphate et des lits de silex (*cornus*), pierre de taille d'Hordain etc., pierre à chaux plus ou moins hydraulique ; 3° Craie marneuse, *dièves* des mineurs, à Cysoing, Vieux-Condé, Landrecies, etc. ; 2° Grès et poudingue calcaires et glauconieux avec coprolites, *Tourtia* et *Meule* des mineurs dans tout le Hainaut français et belge ; 1° Argile, sable et gravier avec pyrites et lignites (*torrent des mineurs*) à Maubeuge, Avesnes, Momignies réfractaire (*S. Aachénien de Dumont*).

(*a*) La prétendue craie supérieure que Dumont appelle *S. Heersien* n'est qu'une variété plus calcaire du *Landénien inf.*, c'est-à-dire, des sables de Bracheux.

Il n'entre pas dans mon cadre de décrire les *terrains secondaire et tertiaire* de la contrée ; il me suffit de faire remarquer qu'ils ont été, presque partout, ruinés, démantelés et que ce sont les produits de ces érosions qui ont fourni presque tous les éléments du terrain quaternaire que je vais décrire sommairement, en suivant l'ordre chronologique, c'est-à-dire de bas en haut.

Terrain quaternaire. — *Diluvium.* — C'est le nom impropre de *Diluvium* qui a prévalu pour désigner les plus anciens dépôts quaternaires. Cet étage se compose d'atterrissements successifs, tumultueux et enchevêtrés de gravier, de sable, de blocs, de galets et surtout de fragments anguleux de roches généralement dures (silex de la craie, etc.). Quelques personnes en ont conclu qu'il y avait eu une multitude de cataclysmes diluviens. Mais si l'on veut bien faire abstraction des vallées et des plaines basses, où les courants fluviatiles ont si souvent entraîné et même remanié sur place toute sorte de dépôts antérieurs ; si l'on étudie le vrai *Diluvium* sur les hauts plateaux, là où il est resté parfaitement intact (à Saint-Acheul, au camp de Saint-Omer, etc.), on n'y pourra peut-être reconnaître que trois ou quatre étages au plus, comme dans le tableau ci-dessus.

Quoi qu'il en soit, l'absence dans ces terrains d'éléments ténus, le volume et le poids souvent énorme des matériaux, tout indique des transports successifs, mais violents et instantanés, par des flots animés d'une grande vitesse. Ainsi, on trouve dans la vallée de la Seine des blocs énormes de granite du Morvan.

Ces atterrissements tumultueux, si riches en mammifères fossiles, se retrouvent en Europe, en Amérique surtout et sur une foule d'autres points du globe. La généralité et la grandeur de ces phénomènes diluviens ne permettent guère de les attribuer à d'autres causes qu'aux irruptions sur les continents des mers souvent déplacées de leur lit par le soulèvement ou l'effondrement des différentes portions de la croute terrestre. Cette origine marine du *Diluvium* est infirmée, je le sais, par l'abondance des animaux terrestres et d'eau douce qui s'y trouvent; mais il n'y a rien d'étonnant à cela, puisque l'instantanéité du phénomène a surpris et enseveli toute la faune des continents inondés. Il suffit qu'il y ait aussi quelques fossiles marins pour établir l'intervention de la mer, et c'est ce qu'on a observé en effet. M. Gratiolet a décrit un Morse recueilli, on le pense, dans le Diluvium de Montrouge, et l'on a trouvé, par trois fois, (en 1779, 1859 et 1860,) les débris d'un très-grand cétacé, dans la rue Dauphine, n° 12, à Paris, à sept mètres de profondeur, dans le bas du Diluvium.

Ces divers cataclysmes diluviens n'ont été ni généraux, ni simultanés, ni effectués dans la même direction et cela devait être. Ainsi, pour ne parler que de l'Europe centrale, on observe :

1° Un dépôt de cailloux et blocs erratiques qui s'est étendu depuis les monts Scandinaves jusqu'en Russie, en Allemagne et en Angleterre ;

2° Un Diluvium alpin qui s'est aussi irradié de la Suisse vers les vallées du Rhin, du Pô, de la Durance, etc. ;

3° Le Diluvium du bassin de Paris dont la provenance est révélée par les roches du Morvan qu'il contient.

Bornant mon étude aux terrains quaternaires de notre contrée (les Gaules-Belgiques), je n'ai pas à me préoccuper de l'identité de notre Diluvium avec le *Diluvium alpin*. Ce rapprochement serait d'ailleurs prématuré et contesté. Je ferai plus, je restreindrai mon examen aux terrains diluviens des hauts plateaux et ne mentionnerai que pour mémoire les faits relatifs aux vallées, aux cavernes et à toute localité analogue offrant le plus léger soupçon de remaniement ultérieur par l'homme ou par les causes naturelles. Je ferai tomber ainsi, d'un seul coup, toutes les critiques passionnées ou légitimes qui ont été faites si souvent contre la valeur des découvertes effectuées dans les cavernes de France et de Belgique et dans les vallées de la Seine et de la Somme. Il est vrai que je devrai réduire aussi, du même coup, mon étude à une seule localité, mais à une localité excellente, car elle est très-élevée et les superpositions y sont évidentes et complètes : je veux parler des carrières de ballast de Saint-Acheul, à un kilomètre sud-est de la station d'Amiens. Or, vous le savez bien, une preuve authentique vaut mieux que cent faits équivoques.

Le Diluvium de Saint-Acheul (voyez le tableau) offre clairement trois étages ; savoir : deux dépôts de silex, séparés par un dépôt calcaire et lacustre. Ces deux étages, diluviens, l'inférieur et le supérieur, offrent à peu près la même composition. Ce sont, de part et d'autre, des fragments de silex, des sables et des graviers. On a cru cependant remarquer qu'en général le Diluvium inférieur avait une teinte gris-blanchâtre et un plus grand nombre de galets, tandis que le Diluvium supérieur avait une couleur jaune-rougeâtre et un plus grand nombre de silex à vives arêtes. Mais ce qui établit une différence certaine et capitale entre ces deux dépôts similaires, alors même que manque le dépôt lacustre intermédiaire, c'est la présence d'ossements de mammifères et de pierres taillées de main d'homme, dans le Diluvium inférieur, et leur absence, à peu près complète, dans le Diluvium supérieur. (Voir le tableau ci-dessus.)

La discontinuité des *bancs lacustres* et la parfaite conservation des coquilles dans ces graviers calcaires indiquent une période de calme, pendant laquelle de nombreux petits lacs se sont installés sur le Diluvium ancien, avec cette nombreuse population de Paludines, Ancyles, Cyclades et Limnées que nous retrouvons encore intactes, à la même place où elles ont vécu.

Le Diluvium rougeâtre, ou supérieur, a été ensuite apporté sur ces bancs et dans la contrée par une nouvelle irruption des flots qui a démantelé et lævigué tous les terrains antérieurs, entraînant au loin les parties légères et ne laissant ici que les éléments grossiers, le sable, le gravier et surtout les silex ocreux dont se compose le Diluvium. Ce qui doit frapper dans cet étage, c'est la rareté des fossiles et l'absence jusqu'à présent complète des vestiges de l'homme.

Le Lœss. — Il termine la série des terrains quaternaires en Belgique et dans le nord de la France. Dumont le réunit bien à tort au Diluvium, pour en former un seul système :

l'*Hesbayen*. On y trouve des fossiles lacustres et terrestres, mais rarement, dans notre contrée. Il y en a d'intactes (Paludines, Planorbes, etc.,) à 500 mètres Est de la station de Quiévrain. Beaucoup de géologues le croient identique avec le *Lehm* des bords du Rhin que M. Collomb, si savant en études glaciaires, a reconnu contemporain des anciennes moraines de la Suisse et des Vosges. Nous n'avons pas à discuter ici cette question de synchronisme, cependant la rareté des fossiles et surtout l'absence, jusqu'à présent absolue, des vestiges humains dans le Lœss, dans le nôtre du moins, nous porteraient à en attribuer l'origine à ces étranges phénomènes qui ont recouvert l'Europe centrale d'une calotte de glace et y ont suspendu toute vie, à une époque relativement récente. Cela seul semblerait donner une explication plausible de cette longue disparition de l'homme de nos contrées.

Terrain moderne. — Les alluvions et les tourbières que l'on trouve en Picardie, en Flandre, en Angleterre et même sous la Manche appartiennent à ce terrain et sont postérieures au Lœss. Ces tourbières sous-marines, soit dit en passant, prouvent combien est récente la séparation de la Grande-Bretagne du continent de l'Europe. Toute la faune des tourbières est de la période actuelle et même des temps historiques (Cerfs, Elans, Castors, etc.) On y a trouvé des barques entières, des vêtements en cheveux, des outils et des armes en pierre ; mais ces pierres, notez-le bien, sont souvent *polies*.

Revenons maintenant à l'étude du gisement classique de Saint-Acheul. C'est dans la partie inférieure du Diluvium ancien qu'on a découvert déjà près de trois mille instruments de pierre, et cela, dans l'étendue d'un hectare environ, depuis quelques années, depuis seulement qu'on s'est aperçu de leur existence ; car on marchait dessus, sans s'en apercevoir (ce qui arrive sans doute encore dans bien des localités). Ces haches sont très-inégalement répandues dans le Diluvium. Elles abondent à Saint-Acheul, surtout au centre de la carrière, et on les retrouve fréquemment aux environs d'Abbeville et d'Amiens, mais elles manquent jusqu'ici complètement dans toutes les autres carrières du nord de la France. Cette abondance si extraordinaire de produits de l'industrie humaine semblerait dénoter l'accumulation (du moins dans cette localité), d'une population bien nombreuse ; et cependant..., chose étonnante..., pas un seul ossement humain n'a encore été signalé avec toutes ces haches et ces débris de mammifères d'espèces presque toutes éteintes aujourd'hui !

Les hommes avaient-ils, à cette époque, l'usage de brûler leurs morts ?... Rien ne le fait présumer, et nous citerons même plus loin des preuves du contraire. Plus intelligents que les autres animaux, ont-ils deviné, à certains pronostics, l'imminence de cette formidable catastrophe et ont-ils réussi à s'y soustraire, en emportant toutefois avec eux *tous* les ossements de leurs ancêtres ?... C'est encore moins probable, car tout indique que le cataclysme a été subit, irrésistible, inévitable... Amiens était-il le siége d'une fabrique de ces instruments grossiers ?... Des recherches ultérieures devront éclairer ce mystère.

Ces pierres taillées varient un peu de grosseur et de forme ; mais se rapprochent presque toutes, plus ou moins, des haches actuelles des sauvages. Le type le plus commun est en forme d'amande et le plus rare en forme de fer de lance. Vous verrez, par les spécimens ci-joints, qu'elles sont généralement en silex pyromaque et quelquefois en jaspe, de un à deux décimètres de longueur. Les biseaux en sont rarement émoussés et fort peu, ce qui indique un transport à peu de distance. Les autres objets travaillés sont rares ; cependant un ouvrier m'a affirmé avoir rencontré un couteau en silex, non poli, et M. Buteux a fait la même découverte à Abbeville. J'ai moi-même trouvé dans le ballast, au milieu de la carrière, une boule sphérique de calcaire taillé, *non poli*, de 12 centimètres de diamètre, que je suppose avoir été une pierre de fronde. M. de la Nassardière en a découvert à Châtellerault d'à peu près semblables, en granite, et associées aussi à des silex taillés, dans une carrière de ballast, à 20 mètres au-dessus de la rivière. J'ai encore recueilli des plaquettes taillées qui devaient servir, pense M. Lartet, au râclage des peaux.

Tous ces objets se distinguent essentiellement des instruments des peuples sauvages, anciens et modernes, par une particularité caractéristique que l'on retrouve constamment à Saint-Acheul et dans tous les Diluviums analogues, c'est-à-dire véritables et non remaniés. Ces pierres taillées *sont toujours comme à l'état d'ébauche et jamais polies*. On y reconnaît l'enfance de l'art et de l'humanité elle-même.

Le polissage de la pierre n'est venu que plus tard. L'usage des instruments de pierre polie et non polie s'est ensuite prolongé, plus ou moins, chez les différents peuples, et concurremment avec l'emploi des métaux ; il s'est même perpétué jusqu'à nos jours chez les sauvages. Il est par conséquent évident que ce qu'on a voulu appeler l'*âge de pierre* est une période éminemment variable, suivant chaque peuple ou chaque contrée, et de nulle valeur pour la chronologie générale. Vous m'avez fait l'honneur, Monsieur le Ministre, de m'adresser un rapport récent de la Commission des antiquités de France qui exprime, je suis heureux de le constater, un jugement analogue sur la valeur chronologique des instruments en pierre, en bronze et en fer des habitations sur pilotis des lacs de l'Helvétie. L'absence de tout polissage de la pierre paraissant, jusqu'à présent, caractériser exclusivement l'industrie des premiers hommes, ne pourrait-on pas, dès lors, définir provisoirement cette période primitive en disant que c'est *l'âge de la pierre* **exclusivement** *ébauchée*.

Je dois vous signaler une fraude regrettable. Les ouvriers d'Amiens essaient quelquefois d'imiter ces haches antiques. Les vraies sont faciles à reconnaître lorsqu'elles portent, soit des incrustations, soit une sorte de patine antique (oxyde ferrique, cacholong, etc.) ; mais elles sont souvent aussi d'une fraîcheur étonnante et, dans ce cas, on ne peut les distinguer que par le mode de fabrication. Les véritables portent les traces de longs et minces éclats ondulés, tels que nos ouvriers n'en pourraient pas enlever avec le marteau. Ce procédé ne serait-il pas analogue à celui que les Espagnols ont trouvé usité au Mexique pour la fabrication des couteaux ou rasoirs en pierre. Les Astèques les détachaient des blocs d'Obsidienne, non par le choc, mais par une pression particulière. Ces couteaux-rasoirs sont absolument semblables à ces longs et minces couteaux de silex des cavernes que nos procédés ordinaires ne pourraient certainement pas reproduire aujourd'hui.

Les ouvriers trouvent aussi fréquemment des espèces de grains de collier, de cinq à vingt-trois millimètres de diamètre. Presque tous ces globules sont des *Coscinopora* ou *Tragos globularis* (D'Orb.) espèce de polypier presque toujours naturellement perforé de la craie de Maestricht. Vous remarquerez aussi parmi les échantillons ci-joints quelques exemplaires non perforés. Ces remarques n'excluent cependant pas, ce me semble, l'idée de leur usage comme ornement et cet emploi, au contraire, expliquerait ici leur accumulation extraordinaire, leur association avec les autres vestiges de l'industrie humaine et l'absence presque absolue de tout autre fossile crétacé.

Quelques-uns des ossements de mammifères trouvés avec ces haches ont offert une particularité bien remarquable. Notre savant paléontologiste, M. Lartet, y a reconnu des coupures et des entailles à surfaces ondulées et striées, telles qu'en pourraient produire des biseaux de pierre ; et il a vérifié cette hypothèse par l'expérience comparative qu'il en a faite sur des os frais. Les sauvages d'à présent sont friands de la moëlle, qu'ils réservent à leurs chefs, et c'est à ce même motif qu'il faudrait attribuer la cause de ces coupures. M. Lartet a remarqué, en outre, près des cornes, des entailles qui paraissent avoir été faites pour détacher la peau. Il m'a fait observer de pareilles entailles sur les ossements de ces mêmes espèces éteintes, aujourd'hui déposées au muséum et décrites par Cuvier comme espèces bien affirmativement fossiles.

Ces faits ne sont pas isolés ; M. Lartet (voyez l'*Institut* du 12 juin 1861) a signalé à Aurignac (Haute-Garonne) un foyer et une sépulture d'hommes évidemment contemporains de ces mêmes races d'animaux perdus et d'autres espèces actuelles.

Ce sont, en fait d'herbivores :

Elephas primigenius, Rhinocéros tichorhinus, Megaceros hibernicus (grand cerf d'Irlande), *Bison europœus* (Aurochs).

En fait de carnivores :

Ursus spelæus (grand Ours des cavernes) *Ursus arctos ?* loup, renard, *Felis spelœa* (Felis des cavernes), Chat sauvage, Hyène, etc., mais pas un seul vestige de l'existence du chien n'a pu y être constaté.

Aucun os des dix-sept sujets humains ensevelis n'avait été exposé au feu, tandis qu'une partie des ossements d'animaux étaient, les uns carbonisés, les autres simplement roussis. Ces peuplades primitives connaissaient donc l'usage du feu ; mais, ainsi que nous le disions plus haut, ils n'avaient pas l'usage d'incinérer leurs morts. « Les os d'herbivores, » dit M. Lartet,
» et particulièrement ceux à cavités médullaires, étaient cas-
» sés dans un plan uniforme et avec l'intention visible d'en
» extraire la moëlle. Plusieurs présentent des entailles et des
» râclures produites par des instruments tranchants, avec les
» empreintes énergiques des dents d'un grand carnivore
» (hyène?). On y a trouvé aussi divers outils et ornements d'os,
» de coquillages et de pierres, mais aucune trace de métaux.
» C'est le premier exemple authentique d'une sépulture évi-
» demment contemporaine de plusieurs espèces d'animaux
» admis jusqu'ici comme antédiluviens. Et cependant, il res-
» sort de l'ensemble des faits observés à Aurignac que,
» depuis l'habitation de l'homme sur ce point, il ne s'est pro-
» duit aucune grande invasion aqueuse, aucun bouleverse-
» ment physique, de nature à apporter le moindre change-
» ment dans les accidents topographiques du sol. Il a suffi,
» en effet, pendant la longue série de siècles écoulés depuis
» l'abandon de cette sépulture, d'une simple dalle de quelques
» centimètres d'épaisseur pour la mettre à l'abri de toute
» atteinte extérieure ; et c'est sous un mince recouvrement
» de terre meuble que se sont conservés les débris des der-
» niers repas funéraires, aussi bien que les produits variés
» d'une industrie grossière, dans lesquels notre esprit cherche
» à ressaisir quelques traits de mœurs d'une race humaine
» qui fut peut-être la plus anciennement établie dans notre
» Europe occidentale.

» Sur une dixaine d'os humains qui étaient restés engagés

» dans la terre meuble de la sépulture, il n'y en a aucun qui
» puisse être attribué à des sujets de taille grande, ni même
» moyenne. »

M. Lartet ajoute, sans cependant en tirer dès à présent aucune induction, que tout ce qu'il a observé, jusqu'à ce jour, d'ossements d'homme strictement rapportables à cette première phase de la période humaine, provenaient d'individus de petite taille. La sépulture contenait les restes de dix-sept individus qu'on a malheureusement enfouis « *dans le cimetière de la paroisse* » et que M. Lartet n'a pu retrouver. C'est un fait bien regrettable, car jamais plus belle occasion ne s'était présentée pour étudier et connaître nos premiers ayeux, ou du moins la première race qui est venue habiter notre pays. Car les premiers hommes n'ont pu, évidemment, arriver et vivre que dans les plus chaudes régions du globe.

Tous les crânes trouvés par les archéologues scandinaves dans le nord de l'Europe associés à de semblables instruments de pierre tendent aussi à prouver que les hommes de cet *âge de la pierre ébauchée* étaient de petite taille, et appartenaient à un type dont les Lapons paraissent être les derniers représentants.

Toutes les découvertes analogues d'ossements avec silex taillés qui ont été faites dans les plaines, les vallées et les cavernes n'offrent plus, nous l'avons dit, un pareil caractère d'évidence et d'authenticité. Nous les mentionnerons cependant, pour mémoire, car elles forment un grand faisceau qui vient corroborer les faits précédents ; en voici un résumé.

Dès 1797, on recueillait des ossements et des haches de pierre à Hoxne, dans le comté de Suffolk. Il y a vingt-cinq ans, M. Withburn trouvait un silex taillé cunéiforme avec des os d'éléphants, dans la gravière de Peasemarsh, comté de Surrey. Mais on n'attachait aucune importance à ces découvertes. Les uns rapportaient ces objets aux temps historiques, les autres croyaient à une fraude, comme l'indiquent ces mots d'un rapport : « *in no spirit of lawnes speculation.* »

Partout alors les géologues étaient convaincus que l'homme était arrivé sur la terre postérieurement aux dernières révolutions qui en ont bouleversé la surface. C'était la doctrine de Cuvier et de Brongniart et en vérité, jusqu'en 1854, aucun fait authentique n'était venu infirmer ces grandes autorités. Les géologues, qui d'ordinaire veulent voir pour croire, étaient alors disposés à ne pas croire ce qu'ils auraient vu. Mais les archéologues qui méconnaissaient, volontairement ou non, les difficultés de la question ne pouvaient avoir les mêmes scrupules; ils ont donc cherché et ils ont trouvé.

Il a fallu cependant à M. Boucher de Perthes toute son honorabilité et toute sa persévérance pour se faire écouter, surtout pour se faire croire. C'est aujourd'hui seulement que l'on commence à rendre justice à son admirable intuition; car ce n'était pas seulement *a priori*, mais en vertu d'une idée préconçue, que depuis vingt-cinq ans il avait commencé ses recherches antédiluviennes.

« Lorsqu'en 1838, dit-il, j'ai commencé à apporter mes preuves, on ne doutait pas de ma bonne foi, mais de mon bon sens. Lorsqu'en 1840 je soumis à l'Institut une vingtaine de ces silex taillés, M. Brongniart seul ne douta plus; mais nul autre ne voulut me croire. On ne discuta pas le fait..... on ne prit même pas la peine de le nier.... on l'oublia!.... Ces armes fabriquées par des mains anté-diluviennes blessaient trop nos savants; mais ces blessures heureusement guérissent et la science ne s'en porte que mieux. » (*De l'Homme anté-diluvien et de ses œuvres*, par Boucher de Perthes. 1860.)

Disons-le toutefois : M. Boucher de Perthes avait bien multiplié ses découvertes aux environs d'Abbeville, cela est vrai ; mais aucune des nombreuses localités qu'il signalait n'offrait aux géologues cette superposition régulière, complète et authentique qui commande la conviction et que nous présente aujourd'hui le gîte de Saint-Acheul, découvert en 1854 par M. Rigollot. Aussi, à partir de cette époque, les découvertes et les conversions des géologues se sont succédées et multipliées.

M. Prestwich a été, je crois, le premier géologue converti. Il a, dans tous les cas, apporté dans cette étude toute la ferveur d'un néophyte ardent et bien convaincu. Il est allé chercher et il a retrouvé, à Hoxne dont nous venons de parler, une seconde hache semblable à celles d'Amiens ; et tout récemment il a annoncé d'autres découvertes analogues. (*Quaterly Journal of the Geological Society.* August 1861.) Ainsi, il a trouvé, avec M. Ewans, à deux milles ouest-nord-ouest de Bedfort, dans une carrière qui est à trente-cinq pieds anglais au-dessus de la vallée et à treize pieds de profondeur, deux silex taillés associés à des Cyclades, à des Limnées et à une quantité considérable d'os d'Eléphants et de Rhinocéros de races éteintes.

En 1860, M. Alb. Gaudry a constaté surabondamment l'authenticité du gisement des silex taillés dans le Diluvium de Saint-Acheul, en y recueillant lui-même neuf exemplaires en place.

M. Elie Petit, à Creil, m'a fait voir une hache taillée et une dent d'éléphant qu'il a trouvées dans le ballast diluvien provenant de Précy-sur-Oise.

M. Buvignier a signalé trois haches de pierre avec dents d'Eléphants dans le dépôt diluvien de Givry, qui est tantôt à 20 et tantôt à 100 mètres au-dessus des plus grandes inondations des affluents de l'Aisne.

M. Gosse, de Genève, a fait des découvertes semblables à la base du Diluvium à Grenelle et MM. Lartet et Collomb à Clichy.

Enfin, M. Taylor retrouve maintenant ces mêmes pierres taillées diluviennes jusque sous les ruines de Babylone.

De toute part aujourd'hui on se rappelle qu'on a trouvé, et l'on annonce qu'on découvre encore des vestiges humains dans les divers dépôts quaternaires. Les cavernes ayant été les premières habitations de l'homme, devaient nécessairement en offrir les traces les plus nombreuses. Ainsi, M. Tournal revendique, avec raison, le mérite d'avoir constaté, depuis plus de trente ans, la présence de l'homme et des produits de son industrie au milieu de la faune en partie éteinte des grottes du midi de la France. Dès 1829, de Christol décrivait, dans sa notice sur les ossements humains des cavernes du Gard, un radius d'adulte qui, fût-il de femme, dénotait un individu de *taille très-petite*.

M. Austen a signalé, depuis longtemps, dans les cavernes du Devonshire, le mélange d'ossements d'hommes, de flèches et de couteaux en pierre avec les restes d'Eléphants, de Rhinocéros, d'Ours, de grands *Felis*, etc. Et toutes ses observations l'ont amené à conclure que tous ces êtres étaient contemporains ; mais on ne l'a pas cru.

Schmerling a fait les mêmes découvertes dans les cavernes de Liége ; il en a tiré les mêmes conséquences et n'a pas été plus heureux. On lui a répondu, sans examen, que l'observation avait été mal faite. Mais, tout récemment, M. Malaise, encouragé par M. Lyell, a repris ces recherches à Engihoul, dans une de ces cavernes, et il a parfaitement vérifié l'exactitude des observations de Schmerling. Il y a constaté, comme l'avait fait aussi précédemment M. Spring, l'absence des silex taillés et l'association annoncée d'ossements humains et d'animaux perdus.

« Deux mâchoires, dit-il, et trois fragments de crânes hu-
» mains ont été trouvés sous une couche bien intacte de
» stalagmite, à une profondeur de 50 à 60 centimètres, dans
» un limon très-poreux, contenant des cailloux peu arrondis,
» quelquefois assez volumineux et des fragments de stalac-
» tites. Ces ossements étaient pêle-mêle avec ceux d'Ours, de
» ruminants et de grands pachydermes, dans une partie inex-
» plorée de la caverne. »

M. de Vibraye a constaté les mêmes faits dans la grotte d'Arcy et, nous devons le remarquer encore ici, la mâchoire qu'il y a trouvée appartenait à un homme de petite taille. J'ai moi-même souvent dédaigné les couteaux de silex, que je trouvais pêle-mêle avec les os de l'Hyène et du grand Ours à front bombé, dans le limon des cavernes du Périgord et de l'Angoumois.

M. Baudouin m'a fait voir récemment à Châtillon-sur-Seine qu'on trouve des flèches et des couteaux de silex dans le Diluvium ossifère où s'exploite le minerai de fer, décrit par Brongniart.

Enfin, M. Jourdan a annoncé le 2 décembre 1861 à l'Académie des sciences que la formation *sidérolitique* offrait au Mont-d'Or des preuves de l'industrie humaine avec tous les vestiges de la faune quaternaire.

Résumé. — On ne doute plus aujourd'hui de la complète disparition de beaucoup d'espèces animales depuis l'arrivée de l'homme et même depuis les temps historiques. La présence des vestiges de l'homme dans les grottes et les vallées avec ceux de certaines races perdues ne suffirait donc pas, à elle seule, pour préciser l'époque de l'avénement de l'homme sur la terre. Mais la situation stratigraphique de ces vestiges humains à Saint-Acheul et autres localités semblables prévient et lève toute objection. Nous n'avons pas là, comme dans les tourbières, une masse élastique et perméable, ni comme dans les vallées, un sol envahi par les inondations fluviatiles ou les alluvions pluviales des coteaux, ni comme dans les grottes et les brèches osseuses des gouffres béants, servant, depuis leur origine, d'asile et de tombeau à tant d'êtres divers. A Saint-Acheul, cela est évident, les vestiges humains et toute la faune adjacente sont dans le bas du Diluvium et par conséquent antérieurs à tous les dépôts subséquents : gravier lacustre, Diluvium rougeâtre, Lœss et terrain moderne. Nul géologue ne peut contester là que tous les dépôts ne soient intacts et que les haches de pierre ne soient bien réellement en place.

Il n'y a donc plus de doute possible : l'homme a été évidemment le compatriote et le contemporain des monstrueux pachydermes et de toute la faune des dépôts quaternaires. Son avénement est donc nécessairement antérieur à cet ancien cataclysme diluvien qui a enseveli, comme pour nous les conserver, ces débris si curieux de la plus ancienne et probablement de *la plus petite de nos races*, de ce premier âge enfin de l'humanité : l'**âge de la pierre ébauchée**.

Spectacle bizarre !... les fossiles les plus précieux pour nous seraient évidemment les fossiles humains, et c'est d'hier seulement que nous commençons à nous apercevoir qu'il existe, par milliers, des preuves de leur existence. Ces preuves surgissent partout et l'homme vraiment fossile n'est encore apparu nulle part ! Mais l'attention est éveillée, surexcitée et l'on ne peut tarder à retrouver les titres si longtemps perdus de l'antiquité de l'espèce humaine.

Veuillez agréer, etc.

J. DELANOÜE.

IMPRIMERIE DE B. HENRY A VALENCIENNES.